1

2

Alavieskalaisten
ja alavieskalaislähtöisten
runoja 2016

"Kotiseuturakkaus
paistaa voimakkaana läpi kaikkien tekstien.
Tämmöinen myönteisyys on tänä päivänä harvinaista"

Marjatta Merikanto-Martikainen
Mauri-vaarin runokisa 2016
kilpailutuomariston pj.

Kustantaja:
BoD – Books on Demand, Helsinki, Suomi
Valmistaja:
BoD – Books on Demand, Norderstedt, Saksa
ISBN 978-952-330-573-1

Alavieskan kunnankirjasto

Mauri Laakkonen

Mauri-vaarin runokisa 2016

Lukijalle

Alavieskan kunnankirjasto ja kirjailija Mauri Laakkonen
järjestivät runokilpailun alavieskalaisille ja alavieskalais-
lähtöisille kirjoittajille 1.-30.4.2016.
Kukin kirjoittajista sai osallistua kilpailuun enintään kol-
mella runolla.

Aiheet: Runo Alavieskasta ja/tai runo lukuponi Moonalle
(aihe vapaa)

Sarjat:

        A) lapset 2004 ja jälkeen syntyneet
        B) nuoret 1991–2003 syntyneet
        C) aikuiset ennen 1991 syntyneet

Runot palautettiin Alavieskan kirjastoon osoitteella:
Alavieskan kunnankirjasto, Pokelantie 3, 85200 Alavieska.
Runojen mukana pyydettiin suljettu kuori, jonka päälle oli
merkitty nimimerkki/sarja A, B tai C ja kuoren sisälle ni-
mimerkin oikea nimi, syntymävuosi ja yhteystiedot. Ala-
vieskalaislähtöiset lisäsivät henkilötietoihin lisäksi tiedon
kunnassa asumisvuosistaan.

Kilpailurunot lähetettiin arvioitavaksi nimimerkkien runoina ilman henkilötietoja.

Palkittavat runot valitsi kolmihenkinen arviointiraati, runotaiteenopettaja **Marjatta Merikanto-Martikainen** Riihimäeltä, lausuntataiteilija **Matti Kaarlejärvi** Ranualta ja seurakunnan nuorisotyönohjaaja **Arja Laakkonen** Mikkelistä.

Kussakin sarjassa valittiin viisi parasta kirjoittajaa, joista kaksi ensimmäistä palkittiin kunnan lahjoittamalla rahapalkinnolla, voittajalle 40 euroa ja toiseksi tulleelle 30 euroa. Rahapalkinnon saajat ja sijoille 3-5 sijoittuneet palkittiin lisäksi kilpailun runoista kootulla runokirjalla, jonka kokosi ja kustansi **Mauri Laakkonen**.

Kirjassa runot on julkaistu nimimerkillä, tekijät nimimerkkien takaa löytyvät osallistujaluettelosta.

Runokisan voittajien ja kirjan julkistus Alavieska-viikolla 2016 Alavieskan kunnankirjastossa.

Kiitos

Lämmin kiitos Mauri-vaarin runokisaan osallistuneille, kisan arvioineille tuomareille, Alavieskan kunnalle ja kunnankirjaston kirjastotoimenjohtajalle **Ulla-Mari Kivelle** sekä Alavieska-lehdelle taustatuesta ja mahdollisuudesta toteuttaa kilpailu.

Riihimäellä 1.6.2016

Mauri Laakkonen

A-sarja

lapset 2004 ja jälkeen syntyneet

A-sarjaan osallistui kymmenen kirjoittajaa yhdellätoista runolla. Mukana olivat nimimerkit Freddy boy, Karkkiponi, Heppatyttö, Moona-fani, Piparminttutikkari, Leijona, Fnaf poika, Namukoira, Lill DOG ja LL.

Lasten sarjan kirjoituksista viisi oli osoitettu Lukuponi Moonalle. Sarjan kirjoitukset arvioi ja parhaat valitsi muun muassa Siilinjärven ja Keravan seurakunnissa työskennellyt nuorisotyönohjaaja **Arja Laakkonen** Mikkelistä.

Hän on asunut Alavieskan Taluskylässä vuosina 1956-1961.

Freddy boy

KEVÄT

Ankat vaakkuu

Lohet Alavieska-järvessä pomppii

Kalastajat kaloja saa

Kalat sätkii

Aurinko lämmittää

Freddy boy (2)

KEVÄT RUNO

Aurinko lämmittää

Linnut laulaa

Nuotio kuuma on

Tietokone hurisee

Musiikki korvia huumaava on

Itikoita missään ei näy

Ankat vaakkuu

Kalat Alavieska-järvissä polskii

Karkkiponi

LUKUPONI MOONA

Linnut laulaa

aurinko paistaa,

purot solisevat

lumet sulavat,

mutta jossain tuolla

on yksi pieni poni

nimeltään Moona,

se on lukuponi Moona.

Loppu!

Heppatyttö

Lukuponi Moona

Moona on ihmeponi

Moona on lukuponi

Se mun sydäntä lämmittää

ja se köpsöttää

pienin pienin askelin

Se lapsia ohjaa

OIKEAAN.

Moona-fani

Moona lukuponi

Moona, ystävyytemme on kuin taika

joka ei raukea koskaan

Moona olet tärkeämpi kuin raha

Rahalla saa roinaa,

mutta Moona sinulla saa

iloa!

15

Piparminttutikkari

Moona minun ponini

Oli hauskaa sen kanssa leikkiä

ja kuperkeikkaa heittää.

Jos saisin hänet takaisin

sille kuiskaisin,

ilman sua mä varmaan itkisin

kun olit mun paras kaveri

ja siksi toivoisin,

että sinut nähdä voisin

ja sua hoitaisin

kun keväällä niityllä juostiin,

ja kukkia katseltiin.

Moona minun ponini,

tule takaisin!

Leijona

Kaksi ötökkää

Ötököitä kaksi on

Liisa Miisa nimet on

Ei huolta Liisal Miisal oo

Ne ötökät iloisimmat

Illalla menevät peiton alle,

aamulla nousevat peiton alta,

syömään puuroa makoisaa,

ei voi olla parempaa.

Lähtevät ostamaan kaupasta

Liisan Miisan puuroa,

lisää puuroa lisää puuroa

10 pakettia ostivat

Söivät aamuin, söivät illoin

Liisan Miisan puuroa.

Liisa meni töihin,

Liisan Miisan trapetsiin.

Trapetsi on tarkkaa hommaa.

Liisa Miisaa vielä opettaa.

Liisa ja Miisa tekivät kutsuja

Liisan Miisan näytökseen.

Näytös meni hyvin!

Liisan Miisan trapetsi on nyt kuuluinen

FnaF Poika

Grillillä tapahtuu

Taivaalla lentää lokki,

grillillä seisoo kokki

grillillä oli sammakko

hyppäsi lampeen,

alle lumpeen.

Sitten kokki

paistaa lokkii.

Hodareita myös.

Sitten lokki lehahti pois

grillin uunista tulet sammu.

Namukoira

Luontoruno

Linnut visertää.

Luonto kimmeltää.

Orava orrilla tanssii.

Karhu köntystelee metsäpolulla.

Aurinko meille paistaa hellii ja lämmittää.

Apina banaaneita popsii.

Viherkasvit vilisee.

Kukat kuhisee.

Sienet sateessa ropisee.

Purot lorisee.

Joet kohisee. Hait hallitsee.

Kalat pelosta vapisee.

Kissat kuonoa näyttelee.

Kävyt puista karkailee.

Lilli DOG

Kevät runo

Kevät on tullut Suomeen.

Tämä vuoden aika ei saa jäädä puoleen.

Kohta pääsee toppikin käyttöön.

Sandaalimainoksetkin tulee jo näyttöön.

Aurinko paistaa,

keväänkin voi jo haistaa.

Jänis takkia muuttaa

pyörän torvikin jo tuuttaa.

ILOISTA KEVÄTTÄ KAIKILLE!

Jopa meille Alavieskalaisille.

L.L

Kevät laitumelle!

Lumet alkoivat sulamaan,

silloin Moona hirnahtaa:

Jos en pian saa ruohoa maasta,

niin karkaan, vaikka haasta!

Onneksi ruoho pilkistää jo lumen alta,

koska Moona odottaa ei malta.

Ruohoa se ahmii suun täydeltä,

muut heinät näyttävät nyt ihan käyneiltä.

Moona laitumella kirmaa

ja tuntee vauhdin hurmaa.

Eläkepäiviään Moona viettää,

kirjaston pihalla satuja riittää.

Hoitamisesta se paljon pitää,

ja ruoka-ajatkin Moona kyllä tietää.

Tämä runo on osoitettu Moonalle,

Alavieskan parhaalle lukuponille.

B-sarja

Vuonna 1991-2003 syntyneet

Nuorten sarjaan kertyi kahdeksan runoa neljältä kirjoittajalta.

Kisaan osallistuivat nimimerkit: Nils, Sadetanssija, Aalto ja A.

Runot arvioi ja parhaat valitsi Päätalo-instituutin rehtorina ja Bomban juhlaviikkojen toiminnanjohtajana sekä kustantajana toiminut lausuntataiteilija **Matti Kaarlejärvi** Ranualta.

Hänet valittiin Veikko Sinisalo –kilpailun Vuoden nuoreksi lausujaksi vuonna 1986.

Nils

Oodi Alavieskalle

On Alavieska tää niin hyvä kunta,

että erehtyy näkevänsä suloista unta.

Ah kaunis on Alavieskan kirkkokin tuo,

se yllemme raukeaa turvaa nyt luo.

En Alavieskaa hinnasta mistään mä vaihtais,

kun missään ei näin hyvin ruokakaan maittais.

Parempaa paikkaa sais elämänsä hakea,

kun kuntamme tää on niin siisti ja makea.

Jos joskus mä täältä pois muuttamaan joudun,

niin tuskin ees puoliks näin hyvin kotoudun

Sadetanssija

He kysyvät minulta mistä tulen.

Tulen peltojen keskeltä

metsien kylästä.

Tulen sieltä

missä joutsenet voivat olla naapureita

ja syksyn voi maistaa.

Sieltä minä tulen.

Betonin tilalla on sammalta ja rauhaa.

Aalto

Alavieskan raitilla

On kuorma-autoja, kaivureita, traktoreita ja zetoreita
On lava-autoja, pakettiautoja, työautoja ja peltoautoja
On mopoja, skoottereita, moottoripyöriä ja mönkijöitä.

On järviä ja monttuja, peltua ja mehtää,
On monen kuntosta latua ja vajjaa
On asvalttitietä, mehtätietä, soratietä ja hiekkatietä
On siliää tietä, kuoppasta tietä ja monttusta tietä

On tuulta ja sajetta, aurinkoista ja pölystä,
On lumista ja kirkasta, hämärää ja kuulasta
On joka päivä töitä, töitä ja harvalla lommaa
On vaikiaa, raskasta, hankalaa ja liikaa
On poutaa, pohojatonta näläkää ja työvoimaa

On maajusseja, yrittäjiä, kauppiaita ja opettajia
On siivoojia, keittäjiä, hammaslääkäreitä ja hoitajia
Ob farmaseutteja, kirjastovirkailijoita ja pankkineitejä
On taiteilijoita, hiihtäjiä, lapsia ja nuoria
On pankinjohtaja, apteekkari ja rehtori
On kirjastonjohtaja, pappi ja Vanha Pöllö
ja palijo muuta

Aalto (2)

Alavieskasa kävelyllä

Kulman takana
 ei mittää
Pihhoilla
 ei kettää
Pellolla
 OHO
pari kurkia

Puolen tunnin päästä
 kato auto
Ai se oli naapuri
 sinne meni
kaupasa oli käyny

Viikon päästä helteellä
 traktori eestä
10 minuuttia
 sama traktori takkaa
koko ajan
 huonolla tuurilla
samalla lailla
 lietekärry

Aalto (3)

Alavieska

Iso?

Ei oo

Hesburger?

Ei tuu

Maataloustuet?

Kaivataan

A

Alavieska

Leveä katu elokuvan lavasteissa

missä kirkko on hiekkalinna

ja huoltoasema majakka.

Koira haukkuu

kuvaukset ovat päättyneet

joku on unohtanut sammuttaa kosken.

Aamulla kadulla ihmetellään horisonttiin
kasvaneita valkeita siipiä.

A (2)

ALAVIESKA

Ajattelen:

Laskeuduit lumienkelinä

Autiolle kadulle

Vihdoin

Illallinen on katettu

Eikä kukaan huomaa kun

Sinä ajattelet:

Kaukana on kaunis joki ja sinä

Avaan silmäni hymyyn

Alavieska 2

Juoksen.

keskusta jää taakse:

Alavieska 2

Someronkylä 8

On leveä maantie

navetan tuoksu

pelto

metsä.

Aurinko laskee suolampeen,

jossa lapset uivat.

32

C-sarja

Ennen vuotta 1991 syntyneet

Aikuisten sarjaan kertyi runsaat kaksikymmentä runoa.

Kilpailuun osallistuivat nimimerkit: Makumuistoja, Eräs Alavieskalainen, TH, Joki, Viime Tinka, Anita, Tuomen-kukka, Huhtikuu, Anna-Liisa, Poika, Anneli Isotalus ja Maria.

Sarjan runot arvioi runouden ja runotaiteenopettaja **Marjatta Merikanto-Martikainen** Riihimäeltä.

Hän on ollut mukana Samuli Paronen -seurassa lukuisten runokilpailujen järjestäjänä ja arvioijana sekä toiminut runouden ja runotaiteen opettajana muun muassa Haus-järvellä ja Riihimäellä.

Sukujuuret ovat Haapavedeltä.

Makumuistoja

Alavieska menu

Läskisoosi, silakkalaatikko, maitopotut,
pyhänä lihapullat ja perunapuuro
Mannavelli, riisivelli, kauravelli,
juhannuksena punanen hera

Pullamossu, kuivatut korput,
perijantaina lämmin leipä ja pulla
vierasvaraksi kakku
Topakkaapa!

Uuet potut voin kans,
jauhopuuro, mannapuuro, mustikkasoppa
Kasvimaalta porkkanat ja viinamat
Syksyllä sallatti

Pepu, uunijuusto, ropsu
Ja huituvelli, a´la mummu!

Eräs alavieskalainen

Alavieska

Alavieska Kalajokivarressa
Pieni pippurinen kunta
Monet ihmiset olleet rakentamassa
Alavieskan kuntaa
kuka paremmin
kuka huonommin
Kotikuntani
siellä on elämäni aloittanut
työni tehnyt
oon ylepeä alavieskalaisuudesta

Monet ilot ja surut
oon elämäni varrella kokenut
kehtaan sanoa
oon palajasjalakanen alavieskalainen

Kiitos että oon saanut
elämäni polokuja
tallata täällä
pienessä Alavieskassa

Runo Alavieskasta

Alavieska on luonnonläheinen
pieni ihana paikkakunta
täynnä luonnon aarteita
esim puuta jossa jo taidetta
Linnut livertää, vesi liplattaa
tuoksuja täynnä
siellä sielu lepää
sinne on kiva palata

Pienenä pellavapäänä tyttölapsi
pulkalla vihreällä laski
Ämmänkalliolta alas raikuvasti nauroi
ilo oli sanoin kuvaamaton
pakkanen paukkui
oli kuutamo ja tähdet

37

Alavieska
Talvisin luminen kallio
kesäisin kukkivat niityt
Lehmiä laitumilla
ystävällisiä ihmisiä
leikkiviä lapsia pellavapäivä
Kaikki tunsi toisensa
tai tiesivät
Autettiin toinen toisiamme
oli yhteenkuuluvuutta

Joki

Alavieska rakas kotiseutuni

Alkaa elontie kuin joenkevät,

Luja jäinen kansi peittää sen

Avautua tahtoo kylmän vanki,

Vesi vapauttaan haluaa.

Ihmiselon alku samanlainen,

Etsii tiensä valoon, vapauteen,

Syntymisen raaka voima,

Katkoo esteet, rikkoo jään.

Avautuu nyt nuori virta.

Riemuiten ja voimissaan

Alkaa etsiä uomaa elämälleen,

Kokemisen uuteen ihmeeseen.

Aika elää on ja tehdä työtä.

Saada uraa, uomaa virralleen,

Koskipaikat kuohuin käydä,

Ottaa hallintaansa elon veen.

Tasaantuu jo hurmos virran,

Ikää karttuu, on kuin oisi elokuu.

Syksy saapuu, niin kuin vanhuus meille,

Enää virta voimissaan ei oo.

Uljas joki hitaasti nyt kulkee,

Taipuu jäisen voiman alle, vaikenee.

Uinuu hiljaa, uuteen kevääseen.

Näin virtaa joki halki kotiseudun,

Ihmiselon kiertokulun aina toistaen.

Viime Tinka

Liisa-isomummolleni

Alavieskaan tulit ensimmäistä kertaa Amerikasta.
Etelä-Pohjanmaalle, lapsuuskotiisi, et palannut.
Tulitte Suomeen kahden pienen lapsen kanssa miehesi
lapsuuskotiin.
Tapasit appivanhempasi ensimmäistä kertaa,
muutitte saman katon alle.
Perhe kasvoi, synnytit kaikkiaan
kaksi poikaa ja kahdeksan tyttöä.
Ei ollut helppo tilanteenne tullessanne,
ei elämänne täällä ehkä koskaan.
Mutta siihen sopeuduit, kai oli pakkokin.
Jussi kävi tienaamassa ison veden takana,
riittikö tuomisiakin?
Tällä viikolla kuulin, että olit osannut olla lähimmäinen
Alavieskaan myöhemmin muuttaneelle perheelle.
Lämpimäisleivällä tervehdit uusia kyläläisiä, muualta
muuttaneita, kovan ajan kokeneita.
Kerroit tietäväsi, miltä tuntuu tulla paikkakunnalle,
jossa ei tunne ketään.

41

Perintöäsi kyselen tänään.
Osaanko minä, osaammeko me,
liisojen ja jussien jälkipolvet ja perilliset
ottaa vastaan kyliimme ja kaupunkeihimme tulevia,
muualta muuttavia, kovia kokeneita?
Kyselemmekö kyräillen. mikä on muuttonsa motiivi,
onko huolensa hyväksyttävä, hätänsä tarpeeksi suuri?
Ehkä lämmin leipä tai käsi on meiltä liikaa vaadittu?
Jospa kuitenkin annamme heidän tulla
ja olla ja tottua meihin?
Onko sekin liikaa vaadittu meiltä,
pehmeän leivän syöjiltä,
hyvän ajan kokeneilta, pahempia pelkääviltä?

42

Viime Tinka

Alavieska

Mitä son mulle Alavieska?

Son äitin leipoma ohorarieska,
päällä voita, vähä juustua.
Maistuu se kyllä pepuki.
Siihenki ohorajauhoja ja voita tarvitaan.
Onneksi isä vilijelee ohoraa
ja äiti oli koulun käynyt karijakko.

Mitä muuta mulle on Alavieska?

Se on pääsiäisen kokkolieska.
Aika pimiää jo alakaa olla,
kierretään muittenki kokot.
Nähhään harvinaisempiaki tuttuja tulien loisteesa.
Kysellään naapurien lapset ja lastenlapset.

43

Onko Alavieska muuta vielä?

Onhan se Rahkon suvanto ja tuluva sielä.
Joka kevä jännätään, mihin asti vesi nousee,
riittääkä saappaan varsi, menneekö tien yli?
Kauempaaki tulevat kahtoon ja ihmetteleen
Kalajoen ja kevvään äkillistä ryöpsähystä.

Tätä son mulle Alavieska, tuttu ja rakas kotipitäjä,
muistoisa muuttumaton maisema.

Anita

Ohjeita Alavieskalaisille
(entisille ja nykyisille)

I

Esson kohdalla (kyllä se Esson risteys on edelleen!)
riisutaan pipo päästä
jos siitä ei halua tehdä numeroa (piposta)

Pyöräilykypärän käyttöön lienee sama sääntö,
nimimerkillä kasarilapsi.

II

Mummuja rollaattoreilla on varottava risteyksessä.
Alikulku on mutta turhan jyrkkä.
Myös rippikoululaisille, jotka konfirmaatiopäivänä
lainatuissa korkokengissään (ensimmäistä kertaa)
kulkevat.

III

Koulun risteys on sumppu vuosikymmenestä toiseen
Kouluja lakkautetaan, remontoidaan ja laajennetaan
mutta liikennekaaos on pysyvää.

IV

Pois muuttaneille tiedoksi, että
grillin risteysjärjestelyt ovat muuttuneet.
Ennen kuin valametilla lähtee kartsalle,
kannattanee huomioida, ettei paripyörä jää
kiinni katukivetykseen.

V

Yleisen viihtyvyyden takaamiseksi vastaantulijoita
kannattaa tervehtiä, koska voivat olla sukua.
Ja ne jotka eivät ole, ovat naapureita kylän toiselta
laidalta.
Tain ainakin asuvat samassa kunnassa, joten tuttu-
jahan tässä ollaan.

Muussa tapauksessa voi olla eksynyt turisti ja sehän
vasta innostuukin tervehdittäessä.

P.S.
Mikäli naapurin verhot on kiinni vielä päivälläkin,
kannattanee kolkuttelemassa, ettei mitään ole sat-
tunut....

Tuomenkukka

Runotrilogia: Kolme päivää

Yksi aamupäivä

Mää asun Haapaperällä, Uuellamäellä.
Mää oon viien vanaha.
Mää en tykkää ko tukkaa pestesä
saippuaa mennee silimiin.
Takkujen selevittäminen käy kipiää.
Aamulla isä väsy kitinään,
otti sakset ja leikkas letit poijes.

Nyt mää lähen Kahamalle.
Sielä on se paras kaveri.
Tuosta aitan nurkalta tanahualle.
Pikku kipasu harmajan puulajon ohi
ja sitte oonki jo niitten kartanolla.
Mua vähä ujostuttaa
ja ootan ovensuusa
ko niillä syöjään vielä leipäpaistia.

Kumpparit jalakaan ja ulos, tietysti.
Siltäki on leikattu tukka ko kesä on tulosa.
Se on ihan puli.
Saan kokkeilla miltä se tuntuu.
Sen silimät on samalla korkeuella ko mun
ja nyt ne näyttää vielä isommilta ja kirkkaammilta.
Me päätetään mennä naimisiin
ko mulla on kerta uuet kumpparitki.
Ne keltaset.

Tien vieresä on sammaleisia kiviä.
Tänne meijän pikkusiskotki saa tulla.
Pittäähän kotileikisä olla enämpi kö kaks.
Kivileivät, lätäkkövesivelli ja ruohokeitto
riittää ihan hyvin kaikille.
Siksi tuntuu taas, että leikki jää kesken
ko pittää lähtä kotia syömään.

Tuomenkukka (2)

Yks koulupäivä

Rakas päiväkirja!
Mulla oli hirviä päivä.
Me saatiin laskukokkeet ja mää sain nelosen!
En mää ossaa niitä rosenttilaskuja.
Kumma ettei Anssi ollu vihanen.
Minusta näytti, että sitä melekeen nauratti.

Kaunokirjotustunnilla mulla oli
mielestäni hyvä vauhti päällä.
Anssi pysähty mun pulpetin viereen
ja sano niin hartaasti että
VOI RAKAS LAPSI.
Se tarkotti että mun käsiala on kamalaa.
Niinkö onki.

Sitte meillä oli Raksin voimistelua.
Voikkatytöt kieppu nätteisä kamppeisaan
telineillä niinkö oravat.
Mulla oli siskon vaaliaksi haalistunu
lörpähtäny sininen voimistelupuku.
Olisin halunnu haalistua näkymättömäksi itekki
mutta ei se auttanu.
Puomille oli pakko kiivetä, vaikka kuin huimas.

Pukille piti hypätä, vaikken millään ois tohtinu.
Eritasonojapuilla piti pyörähellä, vaikka kurkkua kuristi.
Selevisin silti hengisä.

Välitunnilla Liisa opetti mulle
tyttöjen vessasa valssia.
Se oli aika heleppua.

Oli sentään yks ihanaki tapaus!
S.... ajo mun kans koulusta kotia päin
jonku matkaa.
Se on niin kiva mutta ei se varmaan oikiasti tykkää minus-
ta. Vaikka mää vähä tykkäänki siittä.
Heipä taas!

Tuomenkukka (3)

Lakkiaispäivä

Ihana ko tuomet rupes kukkiin alakuviikolla.
Nyt on niin mukava olla
täälä pihalla vieraitten kans.
On hieno ilimaki.
Mutta yks kuria juttu:
Timo ei päässy armeijasta lomille.

Kaikki kyselee mihin mää oon pyrkiny
tai mihin oon lähösä
OKL:ään tai kieliä lukkeen,
oon saanut vastata jo monneen kertaan.
Niin se vaan on että Alavieska jää
ja Oulu tai Tampere kutsuu.

51

Illalla lähetään vielä kavereitten kans
Kotikankaalle juhuliin.
Me ollaan uskovaisia.
Meitä ei innosta lähtä Särkille ryyppään.
Tuntuu kummalta että tämän kesän jäläkeen
me ollaan hajallaan ympäri maata.
Lauluporukkaki hajuaa.

Tuola tullee vielä naapureita ruusujen kans.
Kiitos, kiitos! Tervetulua!

Huhtikuu

LAULU ALAVIESKALLE
(voidaan laulaa säv. Kallavesj)

Alavieska aina on kotiseutu verraton.
Olet niin kuin äidin syli, joka kantaa vaaran yli.
Rakastamme ainiaan sinua isänmaa.

Vanhus elää muistoissansa, nuorukainen toiveissansa.
Laaja meillä laulun mahti. Urheilulla reipas tahti.
Vieskan pojat saaneet on kansojen suosion.

Luontopolku metsään vie. Petäjälammelle on tie.
Välkkyy vesi, veden pinta. Sydän kaipaa rakkahinta.
Kaartuu taivas sininen. Pieni on ihminen.

Käki kukkuu Somerolla. Lapset laulaa Taluksella.
Jukulaisten kylähenki vahva on kuin talon renki.
Kähtävällä tavataan. Muistot vie Mattilaan.

Asuinpaikka parahin Kirkonkylä kuitenkin.
Kalajoki kivipinta, rannalle sen sinirinta
omanpesän rakentaa. Ystävää muistetaan.

Keskikesän päivään ehti moni kylän nuori mies.
Kaatui isä, ainoo poika. Suru kulki maita soita.
Tuuli siitä kertoo vaan; vapaa on isänmaa!

Lato kylän laitamilla, nälkävuonna rakennettu.
Amen, amen kirjoitettu. Herra meitä armahtakoon.
Jälkipolvet muistakaa turvata Jumalaan...

Alavieska aina on kotiseutu verraton.
Olet niin kuin äidin syli, joka kantaa vaaran yli.
Rakastamme ainiaan sinua isänmaa.

Huhtikuu (2)

Alavieskasta lapsen mieleen jäänyt muistikuva

Kanteleen soittaja
(voidaan laulaa hengellisellä säv. Taivaan kellot)

Ilta on jo. Istun hiljaa. Tupa hämärtyy.
Yhä keinuun pienen kehto metsämarjan punainen.
Kesäheinä keikuttelee illan tuulet unehen.
Viljapellon yli kulkee katse kauas kalmistoon.

"Lennä, lennä leppäkerttu ison kiven juurelle"
Lennä, lennä kaivotielle, kotikoivun oksalle.
Tuutulaulu laulajalla. Sanat herkän soittajan.
Kannel helkkyy polvellansa, helkyy illan hämärään.

Kauas, kauas katsoo silmät, silmät herkän laulajan.
Tuutulaulu vaihtuu virteen. Virsi herkin kyyneliin.
"Kiitos Sulle Jumalani armostasi kaikesta".
Vierii kyynel kanteleelta raitaan maton valkean.

Kaukaa illan hämärästä jyrähtelee ukkonen.
Vastaa joki salamoina. Viljapellot vaalenee.
Helkkyy kannel yöhön asti. Virsi liittyy virtehen.
Liikkuu laulu lavealle – soitto kauas kirkolle…

Miksi kostuu kyynelhelmiin silmät herkän soittajan.
Miksi haihtuu kauniit laulut kesäillan hämärään.
Nouse tuuli, kesäheinä, metsämarja punainen.
Nouse, kerro maailmalle kaipuu ihimissydämen.

Anna-Liisa

Linnakallio

Linnakallio on Alavieskan helmi.
Se paikka on hieno ja korvaamaton.
Se Talus-torpasta aloitettiin.
Siitä sitten vain jatkettiin.

Siellä kesällä häitä ain juhlitaan.
Parit kirkoosa sillä vihitään.
Talvella savusauna ja avanto on.
Hiihtokin ladulla on vaivaton.

Sillä viettää voi vaikka loman.
Käyttöön voi saada talon oman.
Siellä luonto on ympärillä
ja marjat hienoilla mättähillä

On juhlasalit ja kirkkoja kaksi.
Nouseva katsomo Vihreä-Valo.
Linnan Hovi pohjalaistalo.
Sieltä hieroja löytyy ja mitä vaan.
En kaikkea varmaan arvaakkaan.

Kosti tämän kaiken aikaan sai.
Häntä kovasti kaivataan.
Muistomerkki on näyttävä kyllä.
Sitä huolella hoivatkaa!

Anna-Liisa (2)

Lumikuru

Alavieska on paikoista parhain.
Sen tiennyt olen jo varhain.
Yhdessä töitä on tehty täällä.
Siinä hyvä tahto ja vauhti on päällä.

Kun myrsky metsissä puita kaatoi
Ne talkoilla sieltä korjattiin.
Sahalle sitten kiikutettiin
ja laudoiksi siellä sahattiin.

Lumikuruun hieno talo rakennettiin.
Liikuntakeskus siitä tehtiiin.
Siellä ampumarata, pitkästi latua
jos sinne menet, ei tarvitse katua.

59

On hien o luonto, kalliot komeat.
Sen itsekin varmaan toteat.
Ei yllä sinne liikenteen melut.
Kesällä siellä vaikka vedessä kellut.
Petäjälampi on lähellä, sinne voi pulahtaa
vaikka uida jos huvittaa.

Siellä häät taikka synttärit pitää voi
Sali on hieno, luonto kulissit loi.
Siis ei esteitä juhlille olla voi!

Anna-Liisa (3)

Tarinan iskentä

On kesä tullut taas uudestaan.
Alavieska viikkoa nyt juhlitaan.
On kiva kun täällä olla saan.
Missään muualla en halua ollakaan.

On täällä kaikki niin juhlavaa.
Täällä tarinaa taas isketään.
Kilpaa sitä yritetään – miten käy.
Se lopuksi nähdään taas.

Jos voitto tulee, niin naurattaa.
Mutta kun perää pitää, se harmittaa.
Vaan vuoden päästä taas uudestaan.
Lannistua ei saa milloinkaan.

Mottoni on, minkä lupaat, se täytä.
Taas uudestaan, tulen ja näytän.
Puheenvuoroni aina käytän.
Vielä minä teille näytän!

Poika

"HAUKI"

Lapsi vaarinsa kanssa keinussa istua saa,
vaari kertoilee vieskan merkitystä.
Kahluupaikka joessa sillan alla,
ennen autoja, ennen maanteitä, ennen siltoja.
Eläimet siitä menivät
ja perässä kahlasivat ihmiset.

Aurinko paistaa sunnuntai on.
Viikate, harava, rappujen nojalla.
Lepoa, lepoa!

Lapsi oivan nyt tuuman saa,
aikaa hällä ois kalastaa.
Vaarilta innolla anelemaan,
heittouistin on sulla,
halu kalastamaan on mulla.

Hymy huulillaan vavan ojentaa hän.
Jos ottaa suuri anna temmeltää,
kala äkkiä itsensä väsyttää,
sitten voit rantaan yrittää.

Lapsi askeleet suuntaa vieskan alle,
lumpeikon vierustalle.
Ojan penkalla istuen auringossa,
naapuri aikaansa kuluttaa.
Kova on helle, kala ei syö,
hän lapselle naurahtaa.

Vapa viuhuu, siima soi,
lumpeen reunalle tähtäys onnistui.
Kova riuhtaisu tuntui hennoissa luissa.
Kala kiinni on,
vaarin neuvot nyt muista.

Hellekkö lie ja vaarin neuvot nuo.
Hauven pian saa väsymään,
kohta jo näyttää kylkeään,
voima on mennyt evistään.
Lapsi katselee kalaa komeaa,
koko perhe tästä syömistä saa.

Ojan piennasta poika kotiin taivaltaa,
naapurilta suuret kehut saa.
Kalamiesten olet sukua
en muuta sanoa saa.

Vuodet vierineet, lapsella harmaa on pää,
lapsen lapsensa hiuksia silittää.
Auringon paiste, helle ja sunnuntai,
keinussa lapsi oivan tuuman sai!

Hymy huulilla vavan ojentaa hän.
Jos ottaa suuri, anna temmeltää,
kala äkkiä itsensä väsyttää,
sitten voit rantaan yrittää.

Vesi virtaa vieskassa kiviä nuollen,
alapuolella rauhoittuu suvannoksi.
Kukat kukii, on helle, ei värekkään käy,
lumpeen alla väijyy peto suuri,
ruoka kalaksi, sopiva juuri "Hauki"

Anneli Isotalus

Alavieskassa asutaan

Kaupunkijonosta Alavieskaan
Kalajoki mutkaten matkustaa
näkee Putaan uuden talot,
rantojen salaojitetut pellot
laajat, muhevat viljelykset,
ja tulvilta suojaavat pengerrykset.

Tänä keväänä jäät teleinä
ohittavat keskustan siististi
sitten muutamana päivänä
röykkiö rannoilla levähti.
Tikkakoski vapaana vipeltää
ei tarvitse myllyä pyörittää.

Pappilanrannassa Omavieska
kutsuu kauniisti valaistuna
Seurakuntakoti, avoin kaikille
aivan vauvoista veteraaneille
Kunnantoimisto, toisena siipenä
terveyskeskus, meitä lähellä.

Kylän keskellä kivikirkko
seuraa tarkoin ihmishyörinää,
miten virkeä koululaisjoukko
rientää tiedon etsintään.
On pankki, parturikampaamot,
kaupat ja tilitoimistot.

Mattilan perällä kivinavetta
haluaa aina vain seisoa
Ennen kouluun pahnattiin lumessa
tyttö ekana porkkaamassa.
Maitoautolle ei ole annettavaa
mutta täällä kuitenkin asutaan.

Salmikankaat ja Kähmäkset
ovat aikapäiviä tyhjentyneet
lähelle palveluja ja toimintaa
monet keskustaan ovat siirtyneet.
Sivukylän onneen tarvitaan
ajopeli ja tahto
                -      omaa rauhaa rakastaa.

Anneli Isotalus (2)

Kyllä Alavieskassa kelepaa

Alavieskasa syöjään ja juojaan
ollaan asiassa ja ammataan
Muuttokuormiakin tuojaan
mutta jono ei ole jatkuvaa.

Täällä on hyvä päivähoito,
koulu hohtaa uutuuttaan,
kirjasto kaunis ja avara
palvelu vailla vertaansa.

Aikuisten tiedon tarpeessa
koettaa kansalaisopisto vastata.
Tällainen tietotaidon hankinta
lisää tutkitusti onnellisuutta.

Harva elää maasta ja metsästä
maatalous on suurieleistä.
Navetoista on tehtävä isoja,
yhdistellään monia tiloja.

Vanhat elementtien tekijät
hiljalleen eläköityvät.
Ei tarvitse turhaa huolehtia
nuorissa on kyllä ainesta.

Täällä on monia kädentaitoja.
Tarvittaisiin rohkeita johtajia,
jotka visioisivat mahdollisuudet,
loisivat yritykset, kotoiset uudet.

Vanhuuttakaan ei tarvitse pelätä
onhan Omavieska jokitöyräällä,
ja Käännällä kodikas Pihapihlaja.
-Jospa lähellä asuisi tuttu vierailija!

Meille jokaiselle on tärkeää,
että tiedämme, meistä välitetään.
Kokoontuminen luo yhteyttä
                -       seurakunnan aika on koko elämä.

Anneli Isotalus (3)

Liki 50 vuotta sitten

Viimeisenä päivänä syyskuussa
seisoo outo nainen
       kunnantoimiston ovisuussa
       iltapäivällä vähän ennen sulkua

Häntä oli kyllä odotettu,
  jännitetty suorastaan.

    Mihin hänet laitetaan nukkumaan?
    Mistä yht´äkkiä tulija kodin saa?
    Rivitaloa vasta rakennetaan.

Eräällä koululla oli ollut huone luvassa.
Mutta huomatessaan tulijan olevan perheetön
vuokraajaneiti empii, on innoton:

  -Miten lienee villi ja vallaton,
  mun mielitiettyni vaarassa on.
  En voi ottaa häntä samaan talohon.

Paloaseman asunto oli luvattu
kunnankirjurille miehineen.
Sitä mieli myös palokalustosta
vastaava perheineen.

Kirjuri ottaa tulijan nukkumaan sohvalleen.
Pari kertaa puhelin empivän unen katkaisee.
Mykkäsoitto, onneksi. Ei palohälytys.

Tulee aamu.
Ensimmäinen työpäivä uudessa virassa.
Asunto järjestyy meijerin asuntolasta,
tuttavan olohuoneesta.
Isännöitsijä Eila Malisen luvalla.

Loppu hyvin, kaikki hyvin, sanotaan.
Haluton vuokraaja saa toivomansa
ja tulija löytää oman armaansa.

-Alavieska on myönteinen paikka elää ja asua.

Maria

KOTIKYLÄN KADONNUT IDYLLI

Kylä on muuttunut,
huivipäiset mummot kadonneet.

Myllyn peittää asfaltti,
ei jyvääkään enää näy.

Idylli on varattu peltilehmille,
missä penkit mummoille.

Ei puheen sorinaa baarin kulmilta,
ei ukkeleita reppu selässään
riennä linja-autoon,
ei leipomon lämpimäisiä mukanaan.

Vain kiireisiä ihmisiä
tulee ja menee,
tulee ja menee.

Autot starttaavat savunsa luontoon
ja lapset imevät makeisia
kuin lämpöä niistä etsien.

Ei tilaa rauhaisalle hevoskyydille,
ei kiireetöntä jutustelua
kohdata ystävä, tuttava, lähimmäinen.

Tämäkö on maalaiskylän onnea,
tätäkö halusimme?

Maria (2)

KYLÄ NUKKUU

Iltarusko painaa
painaa päivän kehrän.

Varjo kuusiston
käy levolle.

Yksi päivä painuu taakse,
musta vaippa
hiipii maisemaan.

Yön tummuus
kätkee äänet elämän.

Vain orpo haukku
kaukaa yöstä
soimaa hämärää.

Kylä nukkuu,
laskee hetkeks näkyvän.

Maria (3)

LAPSENA JÄLLEEN

Palaan lapsuuden majaan,
pikkuvarpaani kastelen salaa.

Kesälinnut, poutapilvet,
äitini lempeät kädet,
niitä unhoita en.

Kahisevat haavan lehdet,
tuoksuva ruoho,
leikkivä tanner,
pihapiiri niin rakas.

Kukan taitan,
lehdet laitan,
äidille iloksi.
sydämen siloksi.

Muistoissa aina,
pieni lapsi aivan.
Taivaassa äiti,
kuiskauksen kuulen.

Nimimerkin runot Yön hetki palvelutalossa ja Jäähyväiset
jäivät arvioinnin ulkopuolelle (maksimi 3 runoa).

Kilpailurunojen käsittelystä ja arvioinnista

Kilpailuun osallistuneet runot arvioitiin nimimerkkien tekeminä. Tuomarit eivät runoja arvioidessaan tienneet tekijöiden taustaa tai henkilötietoja.

Nimet ja yhteystiedot olivat ainoastaan Mauri-vaarin tiedossa.

(poikkeuksena kaksi nimimerkkiä, joita etsittiin paikallislehden välityksellä. He ilmoittivat yhteystietonsa kunnankirjastoon)

Kukin tuomareista sai luettavakseen nimikkosarjansa runot ja vain aikuisten sarjan arvioineella oli mahdollisuus tutustua koko aineistoon ja antaa lausunto kilpailusta kokonaisuutena.

Kunnankirjasto toimi aktiivisesti kilpailun tiedottamisessa, runojen kerääjänä ja kuntasuhteissa ja toteutti kirjan ja voittajien julkistustilaisuuden.

-Koska halusin pitää voittaja- ja osallistujatiedot salaisina julkistukseen saakka, päätin lähettää kutsut julkistustilaisuuteen itse.

Mauri Laakkonen

Tunnelmia lasten sarjan runoista

Lasten runoista kuvastui ilo, siitä miten keväällä luonto herää: aurinko paistaa, lumi sulaa, purot solisevat, kalat polskivat ja ankat vaakkuvat Alavieska järvellä.
Tunnelmissa mukana oli myös orrilla tanssiva orava ja metsäpoluilla köntystelevä karhu, banaania popsiva apina ja pelottava hai ja kaksi ötökkää. Suomalaisten lempiharrastus: grillaus- siinä "paistettiin" jopa lokkia. Hui!
Runoissa oli myös viittauksia nykyaikaan: kevään tuloa enteili "sandaalimainosten tulo tietokoneen näytölle" ja "nuotio kuuma on, tietokone hurisee, musiikki korvia huumaava on."
Lukuponi Moonalle kirjoitettiin runoja kuin parhaalle ystävälle. Sen kanssa oli koettu iloisia hetkiä, mutta myös haikeutta sen jäätyä eläkkeelle. "Moona se pienin askelin köpsöttää ja se lapsia ohjaa OIKEAAN." Se tuo lapsille iloa, sen kanssa oli juostu niityillä ja katseltu kukkia.

Varhaislapsuuteni Alavieskassa asuneena olen kiitollinen, kun sain lukea runojanne, joissa pääsin ihastelemaan Alavieskan keväistä luontoa ja sain tutustua lukuponi Moonaan. Mielelläni sen tapaisin!

Arja Laakkonen

Tunnelmia nuorten sarjan runoista

Nuoret katsovat kotiseutuaan rakkaudella ja tuomalla esiin sen ansiot, puutteet ja kehitysnäkymät. He elävät arkeaan kansainvälistymisen paineessa ja erilaisten palvelujen toivossa.

Nuorten sarjan palkituista **Matti Kaarlejärvi** toteaa:

Aino Jutila
He kysyvät minulta mistä tulen:
> *"Runouden puhtaus on hetkessä joka nousee ajattomaksi virraksi!"*

Niila Tervo:
Oodi Alavieskalle:
> *"Ylistys omaan arkeen ja hetkeen elää nyt ja tässä"!*

Aappo Jutila:
ALAVIESKA: *"*
> *"Runous avaa katseen omaan sisimpään"*

Janette Alatalo:
Alavieskan raitilla:
> *"Laaja näkymä omaan ympäristöön"*

Tunnelmia aikuisten sarjan runoista

Kotiseuturakkaus paistaa voimakkaana läpi kaikkien tekstien. Tämmöinen myönteisyys on tänä päivänä harvinaista.

Teksteissä on hyvin pysytty kisan antamissa raameissa.

Murteet, historia ja maisemat sekä ruoat tulevat hienosti esille, niin kuin tämmöisessä kisassa sopii.

"Toinen toistaan kauniimpia kuvia, ihmisiä, ja toisten auttamista näissä runoissa löytyy", toteaa **Marjatta Merikanto-Martikainen**

Ilmo Auno
Hauki

"Sukupolvien välistä viestintää. Perinteet kunniassa.
Aurinko paistaa, joen vesi tuoksuu ja vapa viuhuu, kala sätkii ja väsyttää itsensä.
Lapsi malttaa kärsivällisesti vaarin ohjeita noudattaa, niin kuin isät silloin ennen.
Viehättävä tarina."

Mirja Taari:

Runotrilogia Kolme päivää: Yksi aamu

> *"Runoja on kolme, mutta ensimmäinen on*
> *ylitse muiden. Murre soljuu ja runoon (no,*
> *kyllä näihin muihinkin) pääsee mukaan.*
> *Hauskat tarinat.*
> *Huippukohta: Aaamulla isä väsy kitinään,*
> *otti sakset ja leikkas letit poijes"*

Saija Timlin:

Liisa iso-mummolleni ja Alavieska

> *"Henkilöhistoriaa. Niputan nämä kaksi ru-*
> *noa yhteen ikään kuin jatkokertomukseksi.*
> *Mukana murretta ja alavieskalaisia ruokia.*
> *Ihmisten auttamista, joka on tänä päivänä*
> *ajankohtaista."*

Raili Ala-Hautala:

Kantaleen soittaja

> *"Herkkä laulu, jota on varmaan kiva yhdessä*
> *laulaa esimerkiksi kyläjuhliss."*

Aila Nuorala:

Lapsena jälleen

> *"Herkkyyttä, kahisevia haavan lehtiä, tuok-*
> *suvaa ruohoa ja kesälintuja. Aistit saavat*
> *runon lähelle ja loppu on huikea"*

Osallistujaluettelo

A-sarja

Nimimerkki	Nimi
Freddy boy	Arsi Hietala
Karkkiponi	Mirka Ojala
Heppatyttö	Emma Tolonen
Moona-fani	Eeva Jutila
Piparminttutikkari	Sara Alatalo
Leijona	Pinja Rahkala
FnaF poika	Teemu Kivimaa
Namukoira	Veeti Takkunen
Lilli DOG	Vilma Isokääntä
L.L	Lyydia Lastikka

B-sarja

Nimimerkki	Nimi
Nils	Niila Tervo
Sadetanssija	Aino Jutila
Aalto	Janette Alatalo
A	Aappo Jutila

C-sarja

Nimimerkki	Nimi
Makumuistoja	Eija Riihimäki
Eräs Alavieskalainen	Oili Tolonen
TH	Teija Huhtala
Joki	Sirkka-Liisa Malinen
Viime Tinka	Saija Timlin
Anita	Arja Palonen
Tuomenkukka	Mirja Taari
Huhtikuu	Raili Alahautala
Anna-Liisa	Anna-Liisa Linnala
Poika	Ilmo Auno
Anneli Isotalus	Anneli Isotalus
Maria	Aili Nuorala

Mauri-vaarin kirjapalkinnot

Lastensarjassa runoille

Kevätlaitumelle

Luontoruno

Moona minun poni

Kaksi ötökkää

Grillillä

Nuorten sarjassa runoille

He kysyvät minulta mistä tulen

Oodi Alavieskalle

Alavieska

Alavieskan raitilla

Aikuisten sarjassa runoille

Hauki

Yksi aamupäivä, runotrilogia kolme päivää

Liisa-isomummolleni ja Alavieska

Kanteleensoittaja

Lapsena jälleen

Alavieskan kunnan rahapalkinnot

A) Sarja
1. palkinto **Lyydia Lastikka**
2. palkinto **Veeti Takkunen**

B) Sarja
1. palkinto **Aino Jutila**
2. palkinto **Niila Tervo**

C) Sarja
1. palkinto **Ilmo Auno**
2. palkinto **Mirja Taari**

83

Mauri-vaari

Mauri Laakkonen, kirjailijanimeltään **Justin Larma** syntyi Kalajoella 5.5.1950. Vanhemmat **Arvo** ja **Helli Laakkonen** asuivat syntymän aikaan Taluskylässä ja muuttivat saman vuoden loppukesällä Kemiön saarelle. Taluskylään perhe palasi eri vaiheiden jälkeen kesällä 1956.

Mauri-vaari kävi ensimmäiset neljä kouluvuottaan Taluskylän kansakoulussa, josta ajasta julkaisi muistelmateoksen, **Kossina Taluksessa**, tuokiokuvia pienen pojan elämästä 1956-1961, Alavieska-viikolla 2015.

Kirjailijan uran hän aloitti vuoden 2014 lopulla Riihimäen kansalaisopiston Tarinat talteen –ryhmässä. Hän on julkaissut kahdeksan omaa runokirjaa, kaksi yhteisteosta ja muistelmateoksen.

Tämän kirjan loppuun on koottu Alavieska-lehdessä vuoden 2016 aikana julkaistuja runoja, joiden murrekieliasussa on avustanut **Pirkko Isokääntä** Alavieskasta.

TALAVI

28.1.2016

Huurtuvat puut valakiaksi
painua lumen
oksat roikottaa
maahan asti

Jäniksen jäläkiä kahtelen
loikan pittuutta mittaan
naama rutussa funtsaan
ehinkö tuppaan
kiipiänkö portaat porstuaan
vasiten tuota jussia vahtaan

Eukko puurua keittää
jäljet pihan perälle lumi peittää
on talavi ja vitikeli
kohta laulaa sirkkeli
pölökyt pätkiksi

mutta ensin eineen nakkaan
nappaan

TALVILINTUJA

11.2.2016

Varis ja kuus harakkaa
pihamaata paarustaa
vakaasti varis vaakkuva
hypellen harakat nauravat
allaan hanget kantavat
seurakseen saavat
kahdeksan naakkaa vilkasta
joo joo, kuuluu niiden lausunta
ketterästi kimpassa
sujuu jyvien nokinta
varpuset ihmeissään pensaissa
talitintit puiden oksilla
odottavat vuoroa
fasaanikukko komea
lähestyy mustanpuhuvaa parvea
määrätietoisesti askeltaa
röyhistää rintaansa ja parahtaa
linnut muut lentoon lehahtaa
varis vaakkuen
harakat räkättää
naakat sanoo
- joo joo

AJATUKSET TALUKSESA

25.2.2016

Talavella ruukattiin
harrastaa hiihtua Katinnevalla,
umpihankeen latuja avata
nyt ajjaa latukonneet
miesvoimaa pönkäämään
latujen tekkoon
--
Kolotusa vesi jääsä
Linnakalliosa avanto
savusaunan eesä käyvät
avannosa uimasa
ukot ja akat
ja kakarat
--
Kehtaan sanua
että oon ylypiä
Kostin upiasa kirkosa
pahkaristien juurella

TALAVEN SELEKÄ TAITTUU

10.3.2016

Uskua täytyy,
että talaven selekä on taittumasa.
Pääsiäinen on jo nurkalla. Kesto-
hangella on hyvä liikkua ja kossikki ovat
kohta
kokkua niitulla rakentamasa.

Pääsiäisenä jokku vielä valavoo sanosa,
ottavat kiljun sijjaan keskaria
tai miten nyt keksivät kynttilän valosa
hummata.

Kehhuu ykski muistavansa lapsuuvvesa
pääsiäisrullin käynnin navetasa.
Menivät kahtoon ja lehemän nänni oli
poisa. Suurta harmia, tuhua ja ilikivaltaa se
oli.

Kakaroille pääsiäinen oli juhulaa, maalat-
tiin munia ja värkättiin pajun oksiin narsis-
seja pahavista ja reppipaperista leikattiin.

RESU

24.3.2016

Liputanko vai laputanko?
Palakkaa tullee justiin
sen verran
että kehtaa sanua
saavansa

Niin että liputanko vai laputanko?
Vielä on hommia piisannu
jotta liputan
tarralappuilla hintoja
pakettien kylykeen
aamuvuorosa

Virman lippu on salosa
niin repaleinen ettei
nimi nävy

Ei se tuulikaa tiijä keneltä
palakkaa heiluttamisesta sais.

Olokoon resu.
Ei oo uuteen varraa.

Tympiän tyhyjä

7.4.2016

On kamala kahtua
laiskuuvven tulua tuppaan
Pakkoon kylille vaan tahotaan
aikaa tappaan
kuleksiin
nurkkiin kuseksiin
Esson baariin kalijalle

Moporallikin kelijuttaa
hautuumaan kulumilla
hullua menua
tie vaan pölisee
ko kossit kurvailee

Pääsiski mukkaan
alakas aika kulua
ei menis aika
ihan hukkaan

Kevätkesällä

19.5.2016

Toukokuu hankia hävittää
oraat kurkkivat pälviltään
maamies kylvökoneitaan virittää
pelloillensa pian yrittää
viljan siemenet kylvää
itupotutkin vakoon vierittää

Kurjet saapuvat pelloilleen
kiurut liverrellen taivaansineen
västäräkin keikkuu pihoilleen
pian liitävät pääskyt räystäilleen
naakat kirkontornista katsoo ympärilleen
varikset tonkivat pudonneen jätteen

Lapset riekkuvat pihoilla
pomppivat trampoliinilla
tytöt hyppynaruilla
nuoret kurvailevat fillarilla
jotkut jopa mopoilla..

On kevätkesä kotikonnuilla

Justin Larman julkaisemat runokirjat

ISBN 9789522868176	Elämän virrassa, 2014
ISBN 9789523185333	Elämän kaarella, 2015
ISBN 9789523186224	Elämän tyrskyissä, 2015
ISBN 9789523189584	Elämän pisaroita, 2015
ISBN 9789523189935	Elämän sylissä, 2015
ISBN 9789523301306	Väärän kuninkaan maa 2015
ISBN 9789523303201	Kaartuu taivas, 2016
ISBN 9789523304628	Kahden maa, 2016

Mauri Laakkosen kirjoja

ISBN 9789523186484	Kossina Taluksessa, 2015
ISBN 9789523305731	Mauri-vaarin runokisa 2016

<u>Yhteistyöprojektit</u>

Ritu Veskarin/Justin Larma

ISBN 9789523304062	KokoNainenMies, 2016

Iitu-Olivia Laakkonen/Mauri Laakkonen

	Eriparisukat 2015
Tuula Salomaa	Vielä kun sydän sykkii 2015
Tuula Salomaa	Ennen ja nyt 2016